ABRÉGÉ

D'UN TRAITÉ

SUR LES THÉATRES ET LES ARTISTES

DES DÉPARTEMENTS;

CAUSES PRINCIPALES DE LEUR DÉCADENCE;

SUIVI DES SEULS MOYENS A EMPLOYER POUR EN EMPÊCHER LA DESTRUCTION ENTIÈRE.

BORDEAUX,

IMPRIMERIE DE BALARAC JEUNE,
Rue du Temple, 7.

—

1853.

ABRÉGÉ D'UN TRAITÉ

SUR LES THÉATRES ET LES ARTISTES

DES DÉPARTEMENTS.

BORDEAUX. — IMPRIMERIE DE BALARAC JEUNE,
7, Rue du Temple.

ABRÉGÉ

D'UN TRAITÉ

SUR LES THÉATRES ET LES ARTISTES

DES DÉPARTEMENTS;

CAUSES PRINCIPALES DE LEUR DÉCADENCE;

SUIVI DES SEULS MOYENS A EMPLOYER POUR EN EMPÊCHER LA DESTRUCTION ENTIÈRE.

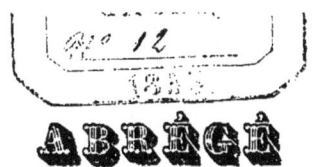

PREMIÈRE PARTIE.

Il n'est pas un seul amateur, ami des arts, qui ne gémisse de voir la décadence progressive de l'art théâtral. Poussé par un sentiment tout artistique, j'avais commencé, il y a quelque temps, un ouvrage traitant des causes principales de leur état déplorable; mais ces causes étaient tellement nombreuses et compliquées, que j'ai dû reculer devant le grand travail que je me préparais; découragé, j'ai abandonné mon projet à moitié fait, espérant que cet état de choses ne pouvant durer longtemps, on aviserait à une amélioration.

Mais voyant que les Théâtres, bien loin de se relever, tombent chaque année en dégénération, que le Gouvernement ni les autorités locales n'avisent pas à remédier à leur malaise pour en empêcher la destruction entière, je me suis décidé à reprendre mon travail pour en faire seulement un abrégé qui, cependant, j'ose l'espérer, sera suffisant pour convaincre mes lecteurs de la véracité des faits que je vais avancer.

C'est principalement des Théâtres de Bordeaux que je vais parler, et tout ce que je vais en écrire peut également s'appliquer aux autres Théâtres des départements ; les causes de leur destruction étant les mêmes pour tous.

Pour prendre le mal dans sa racine, je vais me reporter aux époques où les Théâtres étaient dans toute leur splendeur.

Il reste encore bien des amateurs de spectacle qui se rappellent avec orgueil et plaisir les beaux temps de gestion de MM. Bojolais, Prat, etc..... Nos Théâtres étaient alors grandioses et florissants ; desservis dans tous les genres par une élite d'Artistes éminents et du plus haut mérite. Admirable haute comédie, délicieux opéra comique, et magnifiques grands ballets d'action. On jouait également le grand opéra, tels que *la Vestale*, *Fernand Cortez*, *le Siège de Corinthe*, *les Bayadères*, *Panurge*, *la Caravane du Caire*, *OEdipe à Colonne*, *les Prétendus*, et tant d'autres dont les noms ne me reviennent pas, etc., etc... Au petit Théâtre, charmants vaudevilles, mélodrames, et gentils petits ballets d'enfants.

Aussi avec quel empressement et quelle avidité la bonne société s'y donnait rendez-vous ; de jolies femmes, à brillantes parures, en faisaient l'ornement. Le bon ton et la décence y régnaient.

Maintenant, quelle métamorphose !!!.. que sont aujourd'hui nos Théâtres ?.... Une ombre fugitive de ces beaux jours passés.....

Quelques-uns diront : Ce n'est pas surprenant si jadis les

Théâtres étaient beaucoup mieux montés ; c'est qu'à ces époques les Directeurs n'avaient point à payer les appointements exorbitants qu'on assure aujourd'hui et depuis longtemps aux chanteurs et chanteuses du grand opéra.

Je répondrai à ces personnes, qu'effectivement MM. Bojolais, Prat, etc., ne payaient point des 25, 30 et 35,000 fr. par an à leurs chanteurs. On ne leur donnait alors que de 10 à 12,000 fr. (j'entends parler des premiers chanteurs pour le grand opéra ancien), et qui, nonobstant leur emploi, chantaient aussi l'opéra comique.

Eh bien ! je dirai que, malgré cette grande différence d'appointements, le budget de MM. Bojolais, Prat, etc., montait, pour le moins, aussi haut que ceux des Directeurs actuels, par l'incontestable raison que tous les genres étaient montés au plus grand complet, et que les sujets de deuxième et troisième classe, soit dans la comédie, opéra, ballet, choristes, figurants et figurantes, étaient beaucoup plus payés qu'ils ne le sont maintenant. Le ballet seulement coûtait de 80 à 90 mille francs par an. J'observerai encore que MM. Bojolais, Prat, etc., ne recevaient de la munificence de la ville, que 8 à 12,000 fr. de subvention, au lieu de 90,000 fr. qu'ont reçu leurs successeurs et que reçoit encore le Directeur actuel.

MM. Bojolais, Prat, etc., n'ayant pas été protégés ni favorisés de l'autorité locale de leur époque, en éprouvaient constamment des tracasseries et des contrariétés. Ils étaient soumis à un cahier des charges onéreux et nuisible, qui les plaçait pour ainsi dire sous la tutelle de ces mêmes autorités ; de telle sorte qu'ils avaient pieds et poings liés, et ne pouvaient agir ni gouverner leur entreprise selon leur vue et capacité administrative, sans cependant prétendre vouloir sortir des bornes de leur devoir envers l'autorité et le public (1).

Fatigués et découragés, ils durent abandonner et se retirer; ce qu'ils n'auraient pas bien certainement fait, s'ils eussent été soutenus et favorisés, comme le fait aujourd'hui l'autorité à l'égard du Directeur actuel.

Ensuite arriva l'incorporation du grand opéra moderne, véritable gouffre de dépenses, par l'énormité des appointements alloués aux chanteurs et chanteuses, doublures d'emplois, augmentation du personnel de l'orchestre et des chœurs, grands frais en décors, costumes et accessoires, augmentation du luminaire, aides-machinistes, comparses, achat de musique et droits d'auteur; tout cela a été pour les Directeurs une surcharge immense dans leur budget; et, malgré cette surcharge, les prix des places et des abonnements n'ayant pas été augmentés, cela a dû les mettre dans l'impossibilité de pouvoir supporter un semblable fardeau.

Si encore les grands ouvrages avaient été productifs, il y eût eu compensation; mais c'est le contraire qui est arrivé.

Je mets en fait que, s'il était possible de prendre note du chiffre des recettes qu'a produit chaque représentation de ces ouvrages, depuis leur apparition jusqu'à ce jour, et mettre en balance les appointements des chanteurs, dépenses et frais journaliers, je suis certain que les recettes n'eussent pas suffi à les couvrir.

---

(1) Personne n'ignore que MM. Bojolais et Prat ont fait de brillantes affaires. Le premier a été malheureux dans des entreprises qui l'ont ruiné; mais M. Prat, plus heureux dans ses deux différentes gestions, s'est retiré avec de très-grands bénéfices.

Il est donc incontestable que le grand opéra, loin d'avoir été avantageux aux Théâtres des départements, n'a été que leur ruine ; et j'ajouterai que, non-seulement il n'a pas été productif, mais qu'il a tué tous les autres genres ; car tout ce qu'on a pu imaginer en fait de spectacle a été épuisé et englobé dans ces ouvrages ; quel effet pouvait alors produire les autres genres sur un public habitué à de tonnantes musiques, grands éclats de voix, danses diverses, grands effets de décors, de costumes, d'accessoires, marche, cortége, etc?.... Ils devaient infailliblement succomber.....

Je conviens que ces grands ouvrages, montés au premier Théâtre de la Capitale, ont dû être productifs, par la raison que ce Théâtre est richement subventionné, possédant tous les matériaux nécessaires, ne jouant que deux genres : opéra et ballet, ne donnant que trois représentations par semaine, et que chaque soir son public se renouvelle par l'affluence des étrangers. Mais les Théâtres des départements, faiblement subventionnés, payant d'énormes droits pour les pauvres, jouant tous les genres, leur public à peu près toujours le même, et ses recettes arrivant au bout de l'année au même taux, ou à peu près, il leur est impossible de ne pas succomber......

Les théâtres furent ensuite adjugés à des directeurs dont la plupart, inexpérimentés, ne possédaient aucune notion sur les théâtres et ses nombreux détails, et qui ne prirent cette importante et difficultueuse entreprise que par calcul et spéculation ; ils gérèrent leur administration d'une façon tellement sordide et lésineuse, qu'un démembrement de troupe s'en suivit, et firent l'acquisition d'artistes médiocres et à bon marché ; enfin, ils sacrifièrent pour le grand opéra tous les autres genres, et après ils firent apparaître de mauvais ouvrages, immoraux et licencieux, qui ont fini par dégoûter et éloigner du Théâtre la bonne société, qui s'est créé d'autres habitudes et d'autres distractions.

Voilà comment les théâtres perdirent leur attrait et leur dignité.

Voici encore une cause qui, de prime-abord, paraîtra sans doute sans conséquence et qui cependant a été bien funeste et préjudiciable aux Théâtres et aux artistes.

J'entends parler de l'accointance et des familiarités du public avec les artistes ; il en est résulté que tout lui étant dévoilé, le Théâtre n'est plus un mystère pour personne.

Il s'en est suivi des intrigues, des coteries et des jalousies parmi les artistes, et, de la part du public, de la partialité pour les uns et beaucoup trop d'indulgence pour des artistes médiocres et peu capables.

Je pourrais m'étendre beaucoup plus loin sur ce chapitre, mais je m'en abstiens, dans la crainte de blesser ou de froisser quelques susceptibilités. Je laisse à l'intelligence de mes lecteurs le soin d'en apprécier les graves conséquences.

Jadis n'existait pas ce rapprochement, les artistes fraternisaient ensemble, c'était une seule et même famille dont le Directeur était le père.

Le Théâtre et l'Artiste sont des mécanismes dont les ressorts doivent être inconnus du public ; différemment, il n'y a plus pour lui illusion ni surprise quand il voit et entend l'acteur sur la scène.

Enfin, les Théâtres arrivés dans un état de détresse, on crut pouvoir les relever et les vivifier en leur apportant un nouveau mode de gestion, le système sociétaire..... Hélas ! le remède fut pire que le mal, attendu que ce système tout despotique, arbitraire et onéreux pour les artistes dont il aggrava la misère, n'est absolument avantageux qu'aux directeurs n'ayant pas de cautionnement à déposer ni de responsabilité aucune.

Système despotique, parce qu'en effet l'acte de société qui lie les artistes avec le directeur, donne à ce dernier le droit et le pouvoir d'agir, de faire et de détruire, selon sa volonté, sans que les artistes aient le droit d'intervenir, encore moins celui de vérifier ses comptes.

Système arbitraire, parce que les statuts, règles et conditions d'une société doivent être les mêmes pour tous les sociétaires ; maintenant, il n'en est pas ainsi, les uns touchent la totalité de leurs appointements, d'autres la moitié.

Quelques-uns ont trois, quatre et cinq cents francs d'assurés, et le plus grand nombre n'a que l'assurance de soixante francs. Je le demande, y a-t-il justice et loyauté ?

Système onéreux, parce que les artistes ne parviennent pas, au bout de l'année, à toucher la totalité de leurs appointements ; car Bordeaux qui, sur les autres villes dotées de ce même système sociétaire, a été le plus avantagé de ce mode de gestion, les artistes, au bout de leur année, n'ont touché à peu près que les deux tiers de leurs appointements.

Il est tout naturel que pour les gros colliers à quinze, dix-huit et vingt-quatre mille francs par an, les deux tiers peuvent leur suffire ; mais parlons, par exemple, des artistes aux appointements de deux mille, dix-huit, quinze et douze cents francs par an. En ne touchant que les deux tiers, peuvent-ils vivre et faire vivre leurs familles, se loger, s'habiller, etc. ? Cela leur est matériellement impossible ; aussi combien en est-il qui sont dans le besoin et la misère.....

Voilà donc le beau résultat d'un système soi-disant philanthropique, véritable eldorado..... Jadis, quand il arrivait à un directeur, soit par suite de malheurs ou de calamités, de se voir dans l'obligation de faire faillite, les artistes se récriaient beaucoup, et cependant il n'en est pas un seul aujourd'hui qui ne regrette ces temps passés, par la raison bien évidente qu'ils ne perdaient qu'un mois dans leur année, et qu'une grande quantité ne perdaient rien, attendu que par engagement ils avaient une représentation à bénéfice, dont le produit les dédommageait de la perte de la faillite. Bien plus encore, ils avaient l'avantage de recevoir chaque mois le douzième de leurs appointements, ce qui les mettait à même de pouvoir subvenir à leurs besoins.

Ont-ils aujourd'hui ces mêmes avantages avec le système sociétaire ?.... Non, et mille fois non.

Je ne passerai pas sous silence la maladroite innovation des billets de faveur, donnés et colportés avec tant de profusion. Ce mode a d'abord rabaissé la dignité de nos théâtres en réduisant de moitié le prix des places. Ensuite, que s'en est-il suivi ? c'est que les places se trouvant prises et envahies par des personnes et des toilettes peu convenables, produisant un très-mauvais effet aux galeries, au parquet et à l'amphithéâtre, il s'en est suivi, dis-je, que les personnes prenant leurs billets au bureau ne trouvant pas à se placer convenablement, la bonne société a fini par s'abstenir de venir au spectacle pour éviter de semblables voisinages.

Mais il faut faire de l'argent quand même pour grossir le prorata. Ce n'est donc pas à l'habileté d'une gestion qu'il faut attribuer l'avantage du prorata obtenu à Bordeaux sur d'autres villes, mais bien à la grande quantité de billets de faveur, qui, pour un avantage momentané, ont compromis l'avenir du Théâtre. J'ajouterai encore à tout ce que je viens de citer, comme causes irrécusables de la décadence théâtrale, le grand nombre d'artistes médiocres qui desservent aujourd'hui et depuis longtemps les théâtres, la plupart ne possédant pas les qualités scèniques, physiques et traditionnelles de leur emploi, et nuisibles évidemment à l'intérêt et à l'ensemble des ouvrages. Je n'accuserai pas directement les artistes qui se trouvent dans cette catégorie (chacun cherche à s'élever), mais bien le public, qui si aux débuts de ces artistes incapables avait montré plus de sévérité et d'exigeance, ces derniers ne voyant pas cette grande facilité d'entrer en emploi, se seraient livrés plus sérieusement aux études pour acquérir les qualités qui leur manquent.

Je pense que cet abrégé en dit assez pour que mes lecteurs soient convaincus et reconnaissent les véritables causes qui ont perdu les théâtres.

Il est à souhaiter, dans l'intérêt de l'art dramatique, lyrique et chorégraphique, ainsi que pour l'honneur et la gloire de la scène française, que notre Gouvernement, protecteur et régénérateur, veuille bien tirer les Théâtres des bords de l'abîme profond où ils seront inévitablement précipités, si on ne vient à leur secours. Non, le gouvernement ne peut avec indifférence laisser périr aussi malheureusement cette branche d'industrie artistique, qui alimente des masses innombrables de familles.

Maintenant, je vais essayer de citer les seuls moyens à employer pour vivifier et relever les théâtres.

DEUXIÈME PARTIE.

Quoi qu'en pourront dire mes antagonistes et ce qu'on voudra tenter différemment que mon exposé pour relever les Théâtres de l'état alarmant où ils sont réduits, je soutiens que, soit augmentation de subvention, projets de réforme, société quelconque, rien de tout cela ne parviendra à améliorer leur position ni celle des artistes.

Avec des secours, ce serait leur administrer pour le moment une potion calmante, et plus tard en revenir à de nouveaux remèdes.

Car des secours ne rendraient pas meilleures les médiocrités artistiques, ils ne feraient pas disparaître les abus existants et ne rendraient pas aux Théâtres leur attrait, la perfection, et n'y ramèneraient pas la bonne société.

Le seul et unique moyen à employer pour réussir, est incontestablement celui que je vais citer :

1° Il faut qu'à l'avenir les Théâtres soient confiés à des directeurs, gérant pour leur compte, assurant aux artistes leurs appointements intégrals, payables chaque mois et par douzième.

Les autorités locales devront faire choix d'hommes capables, probes, loyaux et impartiaux ; accorder à ces directeurs les mêmes faveurs, avantages, aide et protection dont jouissent ceux actuels, ne point les gêner dans leurs opérations administratives, sans que pour cela ils sortent des bornes de leur devoir envers l'autorité et le public.

2° Leur permettre la suppression du grand opéra moderne (1), qui a été et sera toujours le tombeau des Théâtres des départements, par les motifs que j'ai ci-avant expliqués. Maintenir ce genre, qu'en résulterait-il ? de remonter de nouveau des ouvrages dont on est rebattu depuis vingt-cinq ans, et qu'aujourd'hui, par la pénurie de bons chanteurs, on ne pourrait monter convenablement.

Combien n'a-t-on pas vu de ténors, de basses, de barytons et de chanteuses se succéder dans les débuts, sans qu'aucun d'eux n'ait réussi. C'est par la raison que les bons chanteurs sont extrêmement rares.

Comment alors pouvoir alimenter tous les Théâtres des départements ? c'est impossible... Donc que le grand opéra, genre perdu, ne peut plus exister en province (2).

Il ne peut être maintenu et avoir de l'attrait qu'au premier Théâtre de la Capitale, où tous les chanteurs sont en

---

(1) Je m'attends à entendre jeter les hauts cris sur cette suppression, le seul genre, dira-t-on, qui fasse de l'argent. Je répondrai pour ma justification : comment alors se fait-il que ce soit précisément depuis son apparition que les Théâtres soient tombés en décadence, et que, malgré ses grandes recettes, les artistes soient parvenus à n'obtenir qu'une assurance de 60 francs par mois (le salaire d'un manœuvre), et qu'au bout de l'année ils n'aient touché que les deux tiers de leurs appointements ?

C'est, à mon avis, une plaisante preuve que le grand opéra moderne est la seule planche de salut pour les Théâtres des départements.

(2) A moins que les autorités locales de chaque ville ne consentent à accorder une forte augmentation de subvention ; car, les 90,000 francs alloués au Théâtre de Bordeaux semblent être fort raisonnables. Mais il faut observer que le droit des pauvres, qu'on retire du Théâtre, absorbe des deux tiers la subvention qu'il reçoit, reste 30,000 francs, juste de quoi payer un ténor...

rapport et en harmonie avec les premiers sujets, etc.....

Par sa suppression, les futurs directeurs auraient la faculté de monter dignement et au grand complet tous les autres genres, tels que la haute comédie, drames, dont on est depuis si long-temps privé, l'opéra-comique, les grands ballets d'action, les vaudevilles et les mélodrames ; de plus, par l'économie qu'apporterait la suppression du grand opéra, les directeurs pourraient augmenter quelques appointements d'artistes de troisième classe : les utilités et les figurants qui, véritablement, ne gagnent pas de quoi subvenir aux besoins de première nécessité.

Mais on dira, si l'on supprime le grand opéra, que deviendront les chanteurs?.. Je répondrai que ces artistes, en mettant de la restriction dans leurs poumons, en modifiant leur voix (qui peut plus peut moins), pourront s'incorporer dans le genre si mélodieux, si attrayant et si délicieux de l'opéra comique (1).

Avec leur concours, les directeurs auraient l'avantage de pouvoir remonter les grands opéras de l'ancien répertoire, tels que *la Vestale*, *Fernand Cortez*, *le Siége de Corinthe*, *les Bayadères*, *OEdipe*, *la Caravane du Caire*, *Anacréon*, *les Prétendus*, et tant d'autres opéras dont les noms ne me reviennent pas. Ces ouvrages, remontés avec soin, seraient des nouveautés pour une grande partie du public.

Par ce système, les chanteurs s'en trouveraient beaucoup

---

(1) Je saisis cette occasion pour dire un mot sur M. et Mme Montaubri, dont les talents sont si justement appréciés. Ces deux charmants sujets prouvent que l'opéra-comique a beaucoup de partisans et d'admirateurs, et que si leurs auxiliaires étaient en harmonie avec leur talent, l'opéra-comique ferait sans peine oublier le grand opéra.

mieux ; ne fatigant pas autant, ils chanteraient beaucoup plus longtemps.

Seulement, ils devront être plus réservés à l'avenir dans leurs prétentions en appointements.

3º Le maintien ferme et rigoureux de la censure, afin de voir disparaître les mauvais ouvrages et les pièces licencieuses ou immorales.

4º Le gouvernement devrait autoriser, à Paris, une école d'examen, présidée par un comité d'artistes de haut mérite, se composant de *professeurs de chant, de musique, de déclamation, de danse, pantomime et de tenue*, afin qu'à l'avenir aucun artiste, quel que soit son genre, ne puisse débuter ni s'engager sans avoir été soumis à un examen pour que le comité lui reconnaisse les qualités et capacités exigibles pour tenir l'emploi auquel il se destine.

On pourrait également, dans chaque grande ville, y établir des succursales de l'école d'examen, présidées par des artistes en retraite ou retirés du Théâtre, afin qu'un directeur qui ferait débuter ou engagerait un artiste sans le secours d'un correspondant, fût obligé avant de le soumettre à un examen.

Par ce moyen, les Théâtres ne se verraient plus accablés d'artistes inachevés et sans talent.

Comme je l'ai dit plus haut, les jeunes artistes ne rencontrant plus cette grande facilité d'entrer de suite en premier emploi, se livreraient plus sérieusement aux études pour acquérir du talent.

On objectera encore : mais que deviendront tous les artistes qui ne seront pas acceptés par ladite école? Je répondrai de nouveau, qu'ils pourront trouver à se placer dans les villes de deuxième et troisième ordre ; qu'indépendam-

— 16 —

ment de ces ressources, le gouvernement pourra permettre et autoriser, dans chaque grande ville, comme *Lyon, Bordeaux, Marseille, Rouen*, etc., d'y établir un petit Théâtre de troisième ordre, à des prix modérés, pour la classe ouvrière et peu aisée ; dans ces Théâtres pourraient être également engagés les artistes n'ayant pas satisfait aux écoles d'examen ; là ils travailleraient, ils prendraient l'habitude de la scène et se formeraient, pour que plus tard ils pussent venir prendre rang dans les principaux Théâtres.

Voici, j'ose le croire, le seul et unique moyen de régénérer les Théâtres et les arts.

Il serait à désirer, pour l'honneur et la gloire de la scène française, que le gouvernement voulût prendre en considération la triste position des Théâtres et des artistes, en leur accordant sa bienveillante protection.

LASSERRE,
Ex-artiste du Grand-Théâtre de Bordeaux.

Nota. Si mon projet (1) ne trouve pas de sympathie et n'est pas adopté, il me restera l'espoir que plus tard on reconnaîtra la nécessité d'exécuter le plan que je propose; mais ce sera du temps de perdu, et le remède deviendra plus difficile à appliquer ; car les abus s'envenimeront, et le mal produit par la douleur s'aggravera, et après la maladie, la mort!.....

---

(1) Purement écrit dans l'intérêt du Théâtre et des arts.

www.ingramcontent.com/pod-product-compliance
Lightning Source LLC
Chambersburg PA
CBHW071440060426
42450CB00009BA/2259